ENQUÊTE PARLEMENTAIRE

LA
VOIX DE LA FRANCE

PAR

LE COMTE ALFRED DE LA GUÉRONNIÈRE

Ab uno disce omnes.

PARIS

DENTU, LIBRAIRE-ÉDITEUR

GALERIE D'ORLÉANS, PALAIS-ROYAL

1869

LA LIBERTÉ SANS RÉVOLUTION, SANS RÉACTION.

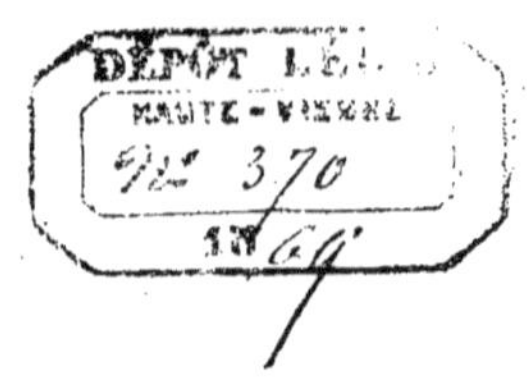

Non impendere vero.
Ne pas faire obstacle au vrai.

Le département de la Vienne, qui avait offert à M. Thiers la candidature de la 3ᵉ circonscription, dont Poitiers, coupé en deux tronçons, forme la tête, a été le témoin d'un triste spectacle : son souvenir ne saurait être revendiqué pour la glorification du suffrage universel ainsi entendu et pratiqué.

A la veille de la vérification des pouvoirs, c'est une tâche utile et juste que de répercuter l'écho des opinions indépendantes blessées, et de déplorer qu'on ait eu recours à ce luxe de ressources ordinaires et extraordinaires contre un homme dont le seul tort est celui d'une grande illustration rendue plus sensible encore par la réalisation des prophéties du véritable homme d'État.

Laissons et dédaignons le zèle des agents, ne dénombrons pas la série interminable des dons et promesses : c'est une monnaie électorale trop vulgaire, dont chaque préfet use en pareille occurrence : il n'y a que des différences de degré de latitude dans l'émulation d'un zèle où l'excès du mal implique l'urgence d'un énergique remède. — Alors qu'un cri unanime de réprobation s'élève, on doit se flatter qu'un Gouvernement que ses organes prétendent devoir être un miroir fidèle de l'opinion dira avec elle : Plus de candidature officielle ! « ce ver rongeur déposé au cœur du suffrage universel », avons-nous dit ailleurs. « Il faut que la France reconquière ses libertés sur le Gouvernement personnel, qui n'est lui-même qu'une forme mal déguisée du Gouvernement absolu », s'est écrié vainement M. Thiers aux sourds-nés du département de la Vienne.

I.

La France s'appartient-elle à elle-même lorsque lmi'pulsion électorale vient de MM. les fonctionnaires? On sait que ceux-là ne reconnaissent que le mot d'ordre de M. le ministre de l'Intérieur. Il est le grand chef-électeur de la puissante confédération officielle qui enveloppe le moindre hameau. Dans cette théorie, dont des circulaires ministérielles revendiquent l'obéissance *passive* et forment le Digeste, il ne reste en fin de compte aux fonctionnaires que le devoir de s'y conformer, et aux masses rurales l'impossibilité d'y échapper. — Il n'y a pas dans le monde une pareille organisation, à mailles si nombreuses et si compactes; il n'est pas permis d'étreindre un pays dans un pareil étouffement; il n'est pas permis de broyer les volontés individuelles, et d'enrôler à ce point les convoitises pour faire litière des sentiments d'une plus noble nature. — Et dans ce système ayant pour instrument la candidature officielle, les souvenirs, les talents, les indépendances, qui dans toute l'Europe sont la meilleure caution auprès des électeurs, en France deviennent des torts, qui, hélas! ne servent trop souvent qu'à attirer l'ostracisme des pachas de l'élection.

Entre-t-on dans la lice sans le bon plaisir de l'autorité, quelque grand et pur que l'on soit, l'esprit public, la presse gouvernementale, les *Moniteurs* de préfecture, dénaturent les plus purs caractères, travestissent l'homme et ses actes. Dans une apparente lutte, les ressources inépuisables d'une centralisation formidable viennent, au dernier moment, enlever à la candidature indépendante une partie des suffrages ralliés par la communauté des opinions. — L'intérêt matériel, dont l'administration est le dispensateur souverain, réduit trop souvent en poussière toutes les considérations morales. Le patriotisme de clocher, la préoccupation de l'avancement personnel, annulent et tuent le grand patriotisme. Celui-ci, au lieu de mettre la France dans la parcelle locale, fait de celle-ci le rayon du tout. — Autrement comment imposer à l'extérieur le respect que peut seul inspirer une représentation sortie du vœu libre du pays? L'Empereur, qui s'est attribué le droit de révision, doit juger combien, devant ces protestations s'élevant de toute part contre l'excès de zèle, il importe de dissoudre l'armée des tuteurs de la pression électorale. La France ainsi menée c'est

le démenti aux principes dont on lui étale sans cesse les garanties. Encore faut-il éviter de verser d'une ornière dans une
autre plus profonde : telle serait celle de la politique radicale de
MM. Bancel et Raspail : ce n'est qu'un mirage, derrière
lequel se dérobe l'abîme. Appelons comme plus pratique et plus
sûr l'avènement de l'ère constitutionnelle des libertés nécessaires, ce droit imprescriptiblede la France.

II.

Ce que nous voulons mettre en relief aujourd'hui, croyant
provoquer les usages honnêtes que doit propager tout gouvernement, c'est l'inégalité, que ses agents favorisent au profit de la
candidature officielle. A la tribune, les ministres prodiguent les
plus belles déclarations de principes : dans la réalité, comme si
les lois prohibitives ne devaient qu'entraver l'opposition même la
plus inoffensive, ceux qui, investis de l'autorité publique, sont si
sévères pour elle, en revanche prodiguent faveurs et facilités à
l'égard des candidats agréés ou agréables.

Comment expliquer et justifier ces réunions, ces embrigade-
ments désespérés de la dernière heure, alors que le silence des
cinq jours ne laisse plus la possibilité d'un mot à dire, d'une
rectification, à ceux qui n'ont pas le *laisser faire et passer*
officiel? Devant celui-ci le commissaire de police s'incline, et le
plus rébarbatif gendarme est un bon enfant plein d'aménités. —
Pour n'en citer qu'un exemple pris entre mille, à Montmorillon
(Vienne), où le candidat indépendant avait rallié un grand
nombre de sympathies, la veille de l'élection, on prend texte
d'une question de bienfaisance pour convoquer les ouvriers; on
fait appel à tout ce qui peut exciter leur zèle pour le candidat
officiel. M. le sous-préfet, s'il n'a pas l'éloquence d'un Démos-
thène, peut s'improviser émule de saint Vincent-de-Paul. Il
harangue de braves gens si accessibles à la voix de l'autorité.
— C'est clair ! la passion de l'ardente charité l'inspirait en dehors
de la politique, dont il était l'ingénieur en chef. — Il faut croire
que l'apotre aura entraîné toutes les âmes et les votes, sans
que le sous-préfet y fût pour rien. — Mais était-il libre de
laisser noblement à la porte l'influence de sa position?

III.

Une autre manœuvre du *Journal de la Vienne,* en cela ni plus ni moins engagé que ses confrères officieux, a été d'abuser de l'ignorance des campagnes : au dernier jour, il a osé affirmer l'acceptation de M. Thiers pour Marseille. Tout commentaire devient inutile. — Cette feuille, qui s'est signalée par un débordement d'attaques, de scapinades devant lesquelles le polichinelle italien se fût avoué vaincu, comptait dans sa rédaction un renfort envoyé de Paris. — Tour à tour, *ad opus causæ*, et, par un raffinement de *moralité politique,* s'inspirant de l'adage : « La fin justifie les moyens », ces lansquenets représentaient M. Thiers aux uns comme un révolutionnaire, aux autres comme un réactionnaire (1). Le refrain c'était : *Haro sur le beaudet!* Dans un pays où un si grand nombre veut des places, maladie endémique des régions officielles, ces citoyens si *désintéressés,* infidèles à tout excepté à leur convenance, dans un concert peu patriotique demandaient qu'on laissât au Corps législatif la place de l'illustre homme d'État privée de sa gloire et de ses lumières ! — C'est beau ! — Et, si ce n'est dans la Béotie, transportée de la Grèce ailleurs, le moyen de persuader aux clairvoyants électeurs de Paris la patrie sauvée, parce qu'un chocolatier, M. Devinck, et un protée, le comte d'Alton-Shée, pour l'heure démagogue, auront trouvé le moyen de substituer l'impuissance de l'un, le discrédit politique de l'autre, à cette supériorité couronnée par mille lauriers que l'Europe reconnaît et respecte dans ce nom : Thiers?

IV.

Ainsi se montrent dans leur signification, dans leur coupable but, ces adversaires sans scrupules comme sans vergogne. Soit qu'ils proscrivent à visage découvert, comme *le Réveil,* ces enfants terribles, plus propres à entraîner leurs fidèles aux

(1) L'auteur a déjà eu occasion de signaler cet outrage à la vérité dans l'excellent journal *l'Union.*

roches Tarpéiennes qu'à les faire monter au Capitole ; soit que, sous de feints respects et d'hypocrites sympathies, on cache des embuscades et des mines secrètes dont la candidature d'Alton devait être la mèche fulminante, nous poserons cette simple question : « Qui trompait-on ? »

1° Les niais et les dupes de ces extravagants lancent l'etrain de la démocratie à pleine vapeur, au risque de dérailler dans des marais fangeux.

2° Il faut y ajouter, dans une autre catégorie, les peureux et crédules, qui, à l'évocation du spectre rouge et des périls imaginaires que la complicité de M. Thiers leur fait courir, sont assez hallucinés pour aliéner du coup, et sur l'épouvantail d'une fausse perspective, le souvenir et la prévoyance.

Triste ! triste !

Ceux qui ont monté cette pièce pour surprendre un ostracisme contre la gloire, en prenant pour complices les ténèbres de la crédule ignorance, étaient des hommes de parti et non des Français. S'ils avaient pu aboutir, est-ce que l'étranger ne se fût pas demandé ce qu'était devenue l'âme de cette France qu'il respectait, avec les résolutions de laquelle il se croyait obligé de compter ?

Voilà les préliminaires qui marquent, avec plus ou moins d'accentuation, les phases de toute candidature indépendante : voyons leur finale.

V.

A Poitiers, le jour de l'élection, un Anglais témoin de la manière de procéder aurait cru s'être égaré dans un pays conquis, plutôt que dans la libre terre des Francs. En prenant pour point de comparaison ce qui est sacramentel en Angleterre, M. Peyrusse pourrait crier à son aise : « Aristocratique liberté ! » on lui dirait : « Laissez vos étiquettes pouvant abuser des Colas : c'est la chose qui importe ! » John Bull en effet ne se contenterait pas des mots : c'est le droit qu'il veut.

Dans la pratique électorale, il n'y a pas chez nos voisins une erreur possible d'une seule voix. Le parlement n'offre pas à l'Europe ces scandales de suppressions de votes, de radiations de noms, d'arbitraire de toute sorte dans la procédure des élections. — Ce n'est pas tout de proclamer un droit : il faut l'organiser de manière à défier le soupçon. En est-il de même en France? Attendez les vérifications de pouvoirs : quelle série d'abus, de protestations!

D'abord comment admettre cet appareil armé et policier qui bordait et entourait à Poitiers les avenues du scrutin? L'électeur fort par le caractère et l'éducation, loin de se laisser intimider devant ce tableau, n'en est que plus résolu dans l'accomplissement de son devoir. Tel que Boissy d'Anglas, il place le droit au-dessus de la force. Ainsi s'explique cette majorité donnée par la ville de Poitiers à M. Thiers. — Il y a toujours plus de lumières au centre que dans ces districts ruraux, bourgs pourris où l'influence abolie des anciens lords anglais revit dans le triumvirat du maire, de l'instituteur et du garde-champêtre. C'est à cette enseigne qu'en sont les élections dans la plupart des communes du Poitou, du Limousin, du Périgord, du Berry, etc. Nous parlons des pays où il nous a été donné de constater ce phénomène, qui frustre les principes de 89.

Telle est la vérité : elle se manifeste indiscutable à l'étude comparative des votes des campagnes et des villes.

Si l'élite de l'intelligence, groupée dans celles-ci, peut se soustraire à la pression pour rester dans l'expression de sa pensée, le cultivateur, lui, tremble. C'est un individu isolé en face du pouvoir, dont il relève à chaque instant et attend tout : la partie n'est pas égale. Il en est de même du salarié public, du débitant, de tout ce qui relève du pouvoir.

C'est une sorte de terrorisme qui fait que ces gens-là ne se croient appelés qu'à emettre le vote *conseillé*. Tel est le fruit de la candidature officielle : elle établit dans l'ordre politique une sorte de prolétariat par l'intérêt ou la crainte. Est-ce que M. Gressier, ministre des Travaux publics, après sa circulaire, ne fait pas au fonctionnaire l'obligation de donner congé aux aspirations du citoyen?

Au moment où la Russie vient d'en finir avec le servage, dans la patrie des docteurs de l'émancipation des peuples, un ministre, en déclarant le budgétaire *un colloborateur obligé* du Gouvernement, le sépare de la dignité humaine, pour le créer l'homme-lige du dispensateur des places, le chef de l'État.

Qu'on dissolve au plus vite cette armée de fonctionnaires, à laquelle on prescrit d'abjurer la liberté souveraine pour le mot d'ordre du chef. Oh ! en Russie, objet de vos ironies, vous ne trouverez pas le Czar troublant, imposant la conscience du moindre de ses affranchis d'hier ! La liberté électorale est complète : il n'y a pas de candidature officielle. Aussi ce que ce pays accomplit de progrès moraux et matériels frappe le voyageur politique. — Encore quelques années, on sera surpris des ailes que les chemins de fer par exemple auront données à sa grandeur.

VI.

Aux candidatures officielles revient la responsabilité de toutes les plaintes s'attachant aux abus qu'elles engendrent. Il suffit qu'elles soient pour que 89 et autres conquêtes se flétrissent à ce contact. Dans cette lice, la centralisation prend et maintient pour elle tout ce qu'elle retire et rend l'accès impraticable à l'individu qui veut passer sans son *exequatur*. Sauf de rares exceptions, richesses, talents, services, vertus, ne sauraient prévaloir contre le préféré du préfet, parasite souvent transporté d'une autre zone et que le département ignorait avant sa présentation, fût-il dénué de tous les titres. Dans les campagnes il suffit de ce talisman :

Candidat du Gouvernement! mieux encore, candidat de l'Empereur !

Si le Gouvernement se contente pour l'intérieur de ces faciles succès amenant un M. Peyruc là où il faudrait un Dufaure, à la frontière commence l'expiation. Le pouvoir ne saurait trouver dans une chambre éclose sous son patronage suspect l'autorité attachée à une élection vraiment nationale. Devant le verdict de paix ou de guerre de ce sénat constitué par le peuple, sans l'assistance de tant de conseillers qui l'enlèvent à lui-même, qu'on le croie bien, M. de Bismark et ses alliés se croiraient tenus à plus de ménagements. La volonté d'une nation est un autre frein à l'audace d'un adversaire que les effets changeants des discours d'un Souverain et que les ingénieuses restrictions d'un ministre d'État, à la patience duquel les lendemains réservent d'humiliants démentis.

Ce dernier s'en contente-t-il? Oui, à en juger par les illusions qui se relaient dans ce steeple-chase malheureux de la politique obstinément suivie où les deux plus fortes déceptions de Queratero et de Sadowa dispensent de tout commentaire.

VII.

En ce qui concerne M. Thiers, le Poitou n'a jamais été témoin d'une propagande plus acharnée contre l'illustre homme d'Etat, et plus active dans ce qui pouvait servir, créditer M. Bourbeau. Celui-ci, sur lequel on a porté les suffrages ruraux à la discrétion de l'autorité, s'est vu repoussé par la majorité de la ville dont il est le maire et où il a tant de clients. Ainsi, pendant que l'intelligence subit l'attraction du génie, l'homme illettré va en sens inverse. Il convient de dire, pour le montrer dans son vrai jour, qu'il a nommé M. Bourbeau comme il eût fait pour tout autre. — Le maire dans les campagnes est la boussole électorale, et celui-ci est le choix exclusif de l'autorité supérieure. — Voilà ce que l'étranger, à commencer par l'Anglais, à finir par le Russe, ne peut comprendre ; en effet ce qui infirme cette autorité du choix *dirigé* c'est la certitude que, dans ces conditions, le même électeur est prêt à aller de César à Pompée, de la conservation au radicalisme, au gré de celui investi du pouvoir. — C'est ce que l'on vient acclamer comme l'expression de la volonté souveraine de la France !

VIII.

Ah ! si elle était réduite à cette force aveugle, vacillante comme la vague, qu'on le croie, M. de Bismark ne verrait plus devant lui d'obstacles insurmontables. L'expiation d'une erreur aussi capitale, n'ayant à l'intérieur aucune responsabilité à redouter, commencerait là où finit la frontière ; tôt ou tard elle aurait ses jours d'angoisses et de luttes. Dieu sans doute protége la France ; mais « aide-toi, le ciel t'aidera » est la maxime du sage et du politique. Qui le sait et le voit mieux que le Gouvernement français, si ce n'est toutefois l'opposition patriotique dont M. Thiers fut le verbe éclairant l'avenir : *inde iræ*. C'est pour avoir semé des avertissements dont chaque jour constate la vérité qu'il a été l'objet d'une guerre d'ostracisme de la part de ceux qui ont pris à rebours toutes les questions ?

Et pour ce bel exploit, non plus à l'instar de Jésus chassant les vendeurs du temple, mais pour exclure du sanctuaire des lois la gloire parée de tant de triomphes, que n'a-t-on pas fait pour y engager Paris, si éminemment spirituel et national?

IX.

Ces assauts, ces compressions des agents du pouvoir exigeant des populations une abdication de leurs souvenirs, des aspirations de leur libre arbitre, amènent la démoralisation chez les faibles, suscitent des ressentiments implacables chez les forts. Si l'esprit public en est atterré, l'intérêt dynastique, à son tour, reçoit de mortelles atteintes. Ceux qui engagent ainsi à outrance la solidarité de l'Empereur témoignent tristement que la préoccupation de leur succès personnel les domine exclusivement. M. Forcade de La Roquette, qui a fait à la tribune des déclarations semi-libérales sur le respect légal dont les maires devaient être les stricts observateurs, proclamait un programme sans restriction mentale alors peut-être, mais auquel l'exécution a fait une faillite universelle sous la main des préfets à poigne. — Les brigands de M. de Bouville, les fausses dépêches à l'égard des prétendues intentions de MM. Thiers, Jules Simon, tant d'autres expédients qui enfouissent la vérité sous des avalanches de fausses rumeurs, de calomnies, de mensonges, marquent d'une triste empreinte la campagne électorale de 1869. Quel ressort il a fallu à l'esprit public pour obtenir des résultats en désaccord avec la puissance d'une centralisation qui a de tels moyens disproportionnés à son service!

Mais ce qui est triste à constater c'est que, vainement on change les ministres, l'arsenal des moyens imputés au passif de leurs prédécesseurs reste avec des aggravations.

C'est une histoire instructive à faire.

On aperçoit l'urgence de mettre un terme à ces reproches, plaintes, protestations, comme aux abus qu'ils dénoncent.

Quand l'autorité a commis une erreur, il serait plus sage de la reconnaître que de la prolonger.

X.

Trop longtemps on est resté à ce point de confusion dans les campagnes qu'un député le plus apprécié s'évanouit avec le

charme des plus grands services aussitôt que tombent ces mots
cabalistiques : « Il n'est plus le candidat du Gouvernement ». —
Et la troupe de s'écrier aussitôt : « Nous voudrions bien le
nommer : c'est l'homme qui nous va le mieux, mais nous ne
pouvons plus y songer : on ne réussit pas contre l'administration ».

Est-ce là une situation normale ? Une majorité conquise par
de pareils procédés ne se trouve-t-elle pas infirmée par le péché
originel ? Là où le pouvoir intervient avec le million de bras du
Briarée de l'administration, il n'est plus possible d'effacer
l'empreinte de cette marque suspecte que laisse au front de l'élu
l'effort officiel. Quand la réalité fait défaut, on se cramponne à
la fiction. Mais vienne une crise, cette force d'emprunt reste un
embarras au moins, quand elle n'est pas un remords.

Nous ne voulons pas plonger le lecteur dans un océan de dé-
tails que l'heure ne comporte pas.

XI.

M. d'Alton-Shée, voulant continuer un rôle qui avait cessé
d'être suspect pour devenir odieux, s'offrait sous l'enseigne radicale aux suffrages, sur le piédestal de mille contradictions. On
a peine à s'expliquer la bigarrure de ses inconsistances osant se
dresser effrontément contre le plus grand génie d'homme d'Etat
historien dont s'honore la France ! Était-ce pousser assez loin le
mépris des souvenirs et des services ? L'ironie d'une inexplicable
ambition se jouait du patriotisme avec une impudeur qui semblait
tirer ses titres à la confiance d'apostasies multiples. Il nous
souvient d'avoir vu ce vieil Actéon, courtier de la démocratie, un
des plus fougueux frivoles, allant chercher un antitode dans
la bienveillance de Berryer, qui s'empressait de relever le blessé
des plaisirs ! Ah ! s'il eut vécu encore, l'orateur national qui fut
l'honneur de son temps, autour de la tombe duquel tous les
partis et l'Europe rivalisaient d'hommages pour le suprême
adieu, quel cri eût poussé sa grande âme ! Peut-être que, par un
de ces prodiges d'éloquence auxquels il nous avait accoutumés,
il aurait pu faire entrevoir l'abîme à ces emportés par le fana-
tisme de la pression, qui, en créant l'injustice, rappelle le

Quos vult perdere Jupiter dementat.

Dupes d'eux-mêmes, les suivants de l'irréconciable d'Alton-Shée, que nous croyons trop conciliable, sont plus dupes encore du machiavélisme cherchant à retirer le fruit de leur imprévoyance. Mais la torche que secouait la main démagogique de M. d'Alton-Shée au sein de la ténébreuse route où il appelait les démocrates appartient plus à l'insensé qu'au patriote.

XII.

Ce sont toujours les exagérations qui ont compromis et perdu la liberté. Que d'exemples, dont quelques-uns datent de 1848, où un Lamartine eût fondé la république, qu'un Raspail a fait chanceler ! Eh bien ! leur enseignement sera-t-il perdu ? Que les resplendissants de génie grandis par des luttes héroïques, tels que Thiers et J. Favre, fussent frappés par l'ostracisme de ceux qui leur doivent tant, on avait tout à craindre. Est-ce que la démagogie n'a jamais abouti à autre chose qu'à faire descendre la liberté montée au Capitole par ses vrais athlètes ? Si l'agitation suscitée malencontreusement après les élections à Paris n'eût pas été étouffée par la sagesse du patriotisme libéral, les nouveaux montagnards, en portant leurs théories dans la rue, précipitaient dans leur avalanche funeste le progrès sur la roche Tarpéienne du socialisme, après laquelle il ne reste que la fatalité du césarisme.

Les électeurs de Paris ont rendu le verdict que la France et l'Europe attendaient de leur sagesse autant que de leur justice. Ils ont voulu que la représentation, veuve en deuil de ses deux plus grands génies, n'ait à regretter ni la science politique de l'un, ni l'éloquence de l'autre.

La session qui va s'ouvrir, chacun le pressent, va rencontrer les plus grandes questions nationales et européennes : suivant le parti que prendra la Chambre élue, ce sera grandeur ou décadence. — La grandeur se trouve dans la liberté ; la décadence, Gibbon et Montesquieu, l'histoire tout entière, l'ont démontré en traits immortels ; la décadence ne vient sceller une déchéance dans l'abdication du peuple souverain, être collectif invincible, que pour mettre à sa place la volonté vacillante d'un homme. Là-même où le génie a mis son empreinte, où la gloire a multiplié les lauriers de cent triomphes, il y a l'*errare humanum est*,

la faillibilité humaine, il y a la mort. Il faut donc que les institutions modèlent le Gouvernement sur l'immortalité de l'âme
d'un peuple, au lieu d'aventurer sa destinée sur la vie passagère
d'un prince, s'appelât-il César, Charlemagne, Louis XIV, Fré-
déric II., Napoléon. Où sont-ils ces triomphateurs? Mais les peuples survivent : à eux la préséance, à eux le dernier mot. Il doit
en être ainsi, pour échapper à l'alternative de s'aller perdre dans
les abîmes du despotisme ou dans les saturnales de l'anarchie.

XIII.

La conclusion qui ressort indéniable de ce qui vient d'être
exposé, c'est que le Gouvernement, qui fait de la souveraineté du
peuple en possession du suffrage universel un dogme et un juge
en dernier ressort, ne peut vouloir que ses préfets, ses agents,
par une intervention inopportune ou une pression inadmissible,
fassent sortir de l'élection assiégée une capitulation au lieu d'un
arrêt. Le temps est venu de faire un gouvernement populaire, où
l'autorité puise sa sève dans la liberté. La France de 1869, ne
peut tomber au dessous du niveau de celle de 1789. — L'empire
dit *libéral* ne peut reculer au-delà des franchises de la monarchie
constitutionnelle de Louis XVI. La jeune dynastie sortie de la
révolution ne peut vouloir s'arroger une prépotence que la
vielle dynastie des Bourbons a récusée au nom des pactes et
des chartes.

Comment susciter alors des procès, des défiances, des reproches au droit divin de la dynastie séculaire qui a fait la carte
de la France? Ce droit divin comporterait-il des libertés de lui
restrictives que l'autre dérivant du peuple ne peut admettre?
Ce serait un étrange aveu de l'insuffisance ou de la faiblesse du
dernier. Ne laissez pas plus longtemps cet anachronisme dont la
raison public demande la rectification !

Ainsi que l'a dit avec tant de raison un député qui a relevé les
titres de la sagesse libérale de nos pères, le marquis d'Andelarre,
« *la France a la ferme volonté d'avoir un gouvernement à son
image : il faut laisser le dernier mot à la nation en proclamant
la responsabilité des ministres; il faut le Gouvernement représen-
tatif à tous les degrés, dans la commune, la province, l'État* ».
C'est un égal intérêt pour le Souverain, comme pour le peuple,
de sortir de l'impasse du gouvernement personnel : voilà le cri

de la France. Si M. Rouher dit le contraire c'est que, parlant beaucoup, il n'entend pas assez, encore moins prévoit-il. Dévoué comme il prétend l'être à l'Empereur, ah ! qu'en bon et reconnaissant serviteur il ne fasse pas remonter au trône, où l'orage ne doit pas gronder, l'écho de l'impopularité du ministre, la solidarité de cette longue suite d'erreurs qui peuvent se réparer au dedans. Mais au dehors, après Sadowa et les progrès incessants et à vue de M. de Bismark, bien téméraire serait M. le ministre d'État de dire à son railleur d'outre-Rhin : « Là est la limite ». Celle du Mein est dépassée depuis longtemps : jusqu'à ce que son empire allemand soit fait, M. de Bismark marche et marchera : qui peut le nier? Alors où est ce gage de sécurité que le devoir de tout gouvernement est d'assurer à l'avenir???

XIV.

Où le sens est si clair, ne plus hésiter?

En dépit de tous les efforts administratifs, agissant avec un ensemble et une ardeur qui semblaient accuser dans la troupe plutôt l'esprit du régime discrétionnaire que celui de la lettre du 19 janvier et de ses applications, il y a un enseignement qui ressort des dernières élections. — Il s'est accentué avec une intelligence plus caractéristique aux ballottages. Les protégés du pouvoir, saisis par l'esprit nouveau se dressant devant eux, s'empressent de reconnaître que la candidature officielle, de triste mémoire, râle : elle ne réapparaîtra que déguisée là où elle sera possible encore. L'abus a compromis le principe soutenu par M. Rouher comme fondamental. — Voilà pourquoi on sera réduit à choisir entre la guerre avec un Marlborough sans alliances perceptibles, ou un régime libéral.

Peut-on balancer?

Ainsi, pour garder la paix, il y a tout un aménagement intérieur nouveau des choses et des hommes. Autrement, tout en ne le voulant pas, on aura pour issue fatale..... la guerre..... On le niera.....; mais la logique des situations se joue des assurances officielles, et emporte loin de leur but les volontés des souverains les plus pacifiques. Comme l'a dit Victor Hugo, à défaut des hommes, les choses savent ce qu'elles font.

XV.

Nous n'avons cessé de poursuivre avec les plus grands esprits du siècle l'application de cette requête nationale que le *self-government* remplace le gouvernement personnel.

Chaque jour voit des libertés écheoir comme une manne aux peuples jusques alors les moins favorisés.

La Prusse, l'Autriche, l'Espagne, la Russie, tous les petits états aussi, la Turquie et l'Égypte, semblent rivaliser à qui fera la part à l'esprit du temps, pour cette rétribution dans la liberté limitative des couronnes, placées sous la sauvegarde des institutions libérales et démocratiques.

En Angleterre whigs, et torys luttent dans l'honneur d'armer le droit populaire des meilleurs moyens d'en concerter les aspirations et d'en atteindre le but.

M. de Bismark a voulu faire des institutions parlementaires les plus larges l'assise de l'Empire allemand, auquel il marche à visage découvert.

Tout progresse dans le monde sur le plan des destinées nouvelles annoncées et promises aux peuples. La grande nation initiatrice de l'Europe en 89 peut-elle perdre sa préséance et tomber au-dessous de ses cadettes ?

L'admettre et le justifier ne serait pas national : ce serait anti-français.

Le Souverain qui manifestait une louable pensée dans la lettre du 19 janvier l'auriat-il abandonnée, comme beaucoup le supposent ? Nous ne le pensons pas.

Voilà pourquoi nous ne voulons pas nous arrêter aux interprétations pessimistes ouvertes par la lettre à M. de Mackau.

Nous voulons être avec la France, dont la voix invoque la liberté. Le meilleur hommage de respect envers le Souverain est la confiance à maintenir dans sa sagesse.

L'enquête ouverte relativement aux abus des candidatures officielles servira à montrer à l'Empereur et à la France que cet abusif système est répudié non moins par l'intérêt dynastique que par la moralité et la grandeur nationale !

Nous ne saurions croire que le Souverain gardien institué de la dignité nationale, que l'auguste rédacteur de la lettre à M. de Mackau ait songé, encore moins ait voulu faire connaître ses vues par une voie aussi oblique qu'inusitée. On y aura attaché une importance que démentent le laconisme de l'épître et ce qu'il y a d'insaisissable dans son objet. C'est pourquoi nous répugnons aux interprétations pessimistes qui poussent le cri d'alarme, et montrent le *statu quo* projetant son ombre sur l'avenir. Nous ne sommes pas dans l'enfer du Dante, à la porte duquel il fallait laisser l'espérance. Retenons-la, joignons-y la confiance : jamais l'une et l'autre n'ont été plus nécessaires. Qu'elles servent de colonnes au *palladium* de la régénération de la France et de l'avenir dynastique ! ! !

XVI.

La pensée par laquelle nous voulons clore semble un axiome pour tout gouvernement loyal et sincère. C'est pourquoi nous la présentons avec une respectueuse confiance à l'impartialité du Souverain.

Les principes de 89, la démocratie, le suffrage universel, tel est le superbe tableau sans cesse déroulé pour la fascination des masses. — Eh bien ! puisque ce programme il y a, qu'on en fasse une vérité dans une pratique sincère. Or il ne saurait être qu'une fiction démoralisatrice là où l'oligarchie du fonctionarisme prépondérante domine l'élection. Telle est la situation pour les campagnes, où se trouve ainsi annulée par les circonscriptions arbitraires l'intelligence supérieure des villes. Le devoir du législateur c'est de ne pas laisser la France privée des garanties dont jouissent les autres peuples jadis si loin d'elle. — Pour écarter ces vices de notre organisation électorale, il suffit de s'approprier ce qui est un principe sacramentel dans tous les pays libres, jusque dans l'autocratique Russie, où le Gouvernement se garde bien d'intervenir dans les élections. — De la sorte s'évanouirait tout ce qui peut fausser la représentation, pour y substituer l'expression libre, indépendante, du choix et de la volonté du pays. — La première condition pour ce but c'est l'abandon de la candidature officielle. Une loi doit remplacer par des circonscriptions normales l'arbitraire du bon plaisir de MM. les préfets ; pouvoir inadmissible, tel que n'en offre pas l'ancienne France des bailliages. Laisser la porte ouverte aux soupçons qui s'attachent à de pareils abus c'est infirmer la plus importante des forces, l'autorité morale des principes du Gouvernement à l'intérieur et de son influence à l'extérieur. Si ces deux considérations incontestables ne trouvaient pas créance, c'est avec une douloureuse résignation qu'il faudrait envisager l'avenir.

P. S. Dans les pièces justificatives relativement à l'élection du Poitou, ces vérités revêtiront une irréfutable évidence.

LIMOGES. — IMP. DE CHAPOULAUD FRÈRES
Rue Montant-Manigne, 7
PARIS, RUE HONORÉ-CHEVALIER, 4